农民健身手册

中央农业广播电视学校
中国农民体育协会　组编

中国农业出版社

图书在版编目（CIP）数据

农民健身手册/中央农业广播电视学校，中国农民
体育协会组编. —北京：中国农业出版社，2019.1
ISBN 978-7-109-25243-1

Ⅰ.①农… Ⅱ.①中… ②中… Ⅲ.①健身运动－手
册 Ⅳ.①G883-62

中国版本图书馆CIP数据核字（2019）第023333号

中国农业出版社出版
（北京市朝阳区麦子店街18号楼）
（邮政编码100125）
责任编辑 张德君 李 晶

北京通州皇家印刷厂印刷 新华书店北京发行所发行
2019年1月第1版 2019年1月北京第1次印刷

开本：700mm×1000mm 1/32 印张：3.5
字数：100千字
定价：25.00元
（凡本版图书出现印刷、装订错误，请向出版社发行部调换）

编委会名单

主　编　杭大鹏

副主编　向朝阳

执行副主编　吕韶钧　张广卿

参编人员 (按姓氏音序排列)

陈　辉　陈在浩　韩衍金

李翠含　刘建国　彭　芳

王冬冬　武　超　袁　平

苑　文　张　昊　张会全

张建伟　赵　娉　赵　颖

周　虎　左　林

前　言

　　健康关系到每一个人的生活，也是关乎我国全面建成小康社会的大事。习近平总书记在2016年"全国卫生与健康大会"上发表重要讲话时强调"没有全民健康，就没有全面小康"，把全民健康提升到了国家战略的高度。2017年党的十九大报告中明确提出了"实施乡村振兴战略"，并指出："人民健康是民族昌盛和国家富强的重要标志。"

　　全面建成小康社会，不让一个人掉队。农业、农村、农民问题是关系国计民生的根本性问题。农村人口是我国总人口的重要组成部分，农民的身体健康不容忽视，它不仅与亿万农民的生产、生活息息相关，而且关系到我国乡村振兴战略的全面实施。

为积极引导农民开展健康有益的体育健身活动，切实把科学的健康理念和实用的健身方法送到农民身边，加强对科学健身知识的宣传、普及，我们为农民朋友们组织编写了这本手册，主要从"为什么要健身""如何有效健身""健身中的注意事项"三个方面阐述了体育健身锻炼对人体健康所产生的良好作用和积极影响。介绍了科学的健身方法和手段，如何正确使用健身器材，以及在体育健身活动中应注意的事项和常见运动损伤的处理等健身方面的基本常识。在编写上，我们力求通俗易懂，实用性强，希望能为广大农民朋友参与体育健身活动以及科学使用健身器材提供一定的帮助。

由于本书涉及面较广，加之我们水平有限，编写过程仓促，不当之处在所难免，敬请专家和读者批评指正。

编　者

2018 年 11 月

CONTENTS 目 录

目 录 CONTENTS

目 录 CONTENTS

第四部分　趣味健身项目介绍

目录 CONTENTS

第一部分

开展农民健身的目的意义

"生命在于运动",这个道理人人皆知,它告诉我们拥有健康的身体离不开运动。那么,健身对国家、社会以及对我们农民身体到底有什么好处?

1. 全民健身强中华

"没有全民健康,就没有全面小康""健康中国"是一项基本国策,它关系到全国人民的健康水平。"农民体育健身工程"是"健康中国"的重要组成部分,做好农民健身活动对于推进农村全面小康社会建设,增强全国人民的身体素质,进而对实现中华民族的伟大复兴中国梦都具有十

分重要的现实意义。

　　一个健全的人既要有丰富的知识和文化内涵，又要有健康的身体，而发展体育运动可以不断提高全民族的身体素质。开展全民健身运动，增强人民体质，提高各民族人民身体素质和生活质量，是我国体育事业发展的根本宗旨，也是实现体育强国和健康中国的强国目标，更是实现中华民族伟大复兴中国梦的健康基础。

2. 全民健康奔小康

　　人人健康，人人幸福，这是时代的呼唤，也是百姓的期盼。人民身体健康是全面建成小康社会的重要内涵之一，是每一个人成长和实现幸福生活的重要基础。

　　身体的健康不仅对个人生活、家庭幸福产生直接影响，也是实现全面小康社会的前提条件。

没有全民健康，就没有全面小康。只有身体健康了，生活才能得到保障，人民生活才能幸福。

3. 健身让你心情好

经常参加跑步、慢走、游泳、乒乓球、羽毛球、排球、篮球、足球、骑脚踏车、登山等健身运动可以使人心情愉快，轻松活泼，能有效地缓解紧张情绪，提升人际交往能力，创造愉悦心情。

我们建议每周应坚持参加健身运动3～5次，每次至少30分钟。

小知识　运动健身使人心情好

为什么会产生这种效果呢？这是因为人在运动时，大脑会大量分泌一种叫"内啡肽"的物质，"内啡肽"也被称为快乐激素或者年轻激素，它能让人产生欢乐、愉快和满足的感觉，可以帮助人排遣压力和忧郁情绪。

4. 健身让你吃饭香

体育锻炼可以增加身体能量的消耗，改善和提高人体的消化功能，所以经常锻炼的人吃饭就是香。

小知识 健身增食助消化

运动使身体新陈代谢旺盛，体内消耗的能量增多，而能量是通过摄取食物来获得的，于是人会增加进食来补充能量。同时，健身运动可以促进消化系统机能的改善，使人对食物的消化和吸收能力加强。

5. 健身让你睡得美

体育锻炼可以帮助人入睡。

要求 睡前6小时进行运动最好，运动的时

间应持续 30 分钟以上，运动强度以能出汗为佳。

注意 运动要经常进行，持之以恒。偶尔一两次的锻炼对睡眠没有促进作用。运动的最佳时间是下午晚些时候或傍晚时分，不要离睡眠时间太近。

小知识 怎样健身有利于睡眠？

运动对睡眠的影响与运动量有关，中等强度以下的运动能加快入睡，并且加深睡眠深度。运动过于剧烈的话，反而不能很好地使人入睡。

6. 健身让你身体壮

长期的健身锻炼能使人身体肌肉强壮，气力十足。

要求 肌肉锻炼每周最好进行 3 次，每次约30 分钟，隔天进行。胸部、肩部、背部以及腰部和四肢各个部位的肌肉群都应得到充分锻炼。

小知识 怎样健身身体壮？

　　比如，俯卧撑这个简单的健身动作，可以有效地锻炼上肢、腰部及腹部的肌肉，尤其是胸肌，动作虽然简单但却十分有效。健身会使你的身体强壮起来，但最为关键的是要做到持之以恒。

7. 健身让你少得病

　　经常参加体育健身锻炼不仅使身体强壮，而且还可以提高人体的免疫力，增强抵抗力，起到预防疾病的作用，使我们少得病。

小知识 健身可以少得病

　　锻炼可以防治骨关节炎、糖尿病等多种病症。另外，坚持参加体育锻炼可以预防骨质疏松、呼吸道疾病等。

8. 健身让你更年轻

　　体育健身可以促进全身的血液循环，使身体各组织的细胞得到充足的氧气和营养物质，改善

肌体的代谢，延缓衰老的过程。所以，赶快参加体育健身锻炼吧，它使我们青春永驻。

小知识 健身为何可以变年轻

由于新陈代谢过程的改善和各器官、系统功能对运动负荷的适应性增强，健身可减轻人体老年性、退行性改变的程度及减慢其发展的进程，使老年人肌体的生理功能得到改善和增强，从而达到延缓衰老和增进健康的目的。

第二部分
科学健身的方法和项目介绍

传统健身方法

1．球类活动趣味高

球类活动大多是人们喜闻乐见的运动方式，我们身边的球类活动有很多，如篮球、排球、足球、台球、羽毛球、乒乓球、网球等。

要求 注意持续运动的时间不要过长，穿舒服合身的衣服和鞋子。锻炼之前要做好热身，防止受伤。运动过程中，注意及时喝水。

好处 增强自身的抵抗力，延缓衰老，预防

疾病，有益于身体健康。

2．健走跑步锻炼好

俗话说，"饭后百步走，活到九十九"。走是很好的锻炼方式，可以散步、慢步走、快步走，还可以扭着走、倒着走。走步的快慢可以根据自己的情况调节。

方法 每天走30分钟，每周走5次，坚持3～6个月。刚开始慢走，适应以后快走、大步走。身体好的争取每天走1万步。

跑步可以走、跑交替进行。时间30分钟左右，不要求快，只要使全身肌肉得到震动就可以。

好处 走跑健身运动能减肥降脂，强身健体，有助于消化；能清醒头脑，使人更精神，干活有劲。

3. 游泳运动形体妙

游泳运动是男女老幼都喜欢的体育项目之一，在了解水情并做好防护，最好结伴而行的情况下，于农村的池塘、河溪、湖泊或大海、游泳

池等水域均可进行。

要求 游泳的时间不宜过久，应在1个小时以内，饭后2小时之后游泳为宜。

好处 锻炼肌肉的力量、耐力和关节的灵活性，提高心肺功能。

4. 太极武术人称道

太极拳是我国传统的体育项目，老少皆宜，习练方便，在室内外都可以练习，成本较低。

要求 根据自身的特点和喜好选择太极拳

套路。练太极拳时应全神贯注，意念集中在动作上；练习动作需要完整一体，前后连贯。

好处 增强身体系统机能，减轻心理压力，有利于提高老年人的下肢平衡能力。

健身路径使用方法

健身路径指的是户外健身器材，也就是大家常在广场、公园、小区广场里看见的健身器材，这些器材在许多健身房中也能看到。下面介绍14种常用的健身器材。

5．太空漫步迈开腿

方法 双手握住横杠，两脚分别踩在左右两个踏板上，两腿以自然协调的姿势交替迈步。每分钟完成50 ～ 60次往返动作，一次锻炼时间为2 ～ 3分钟。

好处 增强下肢的活动能力，改善髋关节的灵活性，增强上肢肌肉力量。

太空漫步器

注意 有神经平衡功能障碍、中风后遗症、颈椎病、脑血管疾病、膝关节疾病和肌无力等患者不宜从事该项运动。

6. 太极云手胳膊推

方法 面对双盘，两腿分开立成马步。将整个手掌贴在圆盘的边上，左右、内外地转动圆盘。

太极云手

好处 增强肌肉和韧带柔韧性能，提高活动能力和身体灵敏性。

7. 双杠屈伸促平衡

方法 双手握杠成直臂支撑，然后身体下降至两肘成直角，再用力撑起成直臂支撑。

好处 增强上肢肌肉力量和人体的平衡能力。

双杠

8. 立式旋转活腰板儿

方法　面对立式旋转器，双手握紧上方把手，双脚踏在旋转器下方的转动平盘上，向左右两侧做90°或180°转体运动，反复多次。每次2～4组，每组20～40个动作。

好处　增强腰、腹和背部的肌肉力量，缓解肌肉酸痛及运动后肌肉疲劳。

立式旋转器

9．肋木压腿练柔韧

方法 压腿；背向肋木架双手握紧横杠，做屈腿运动；悬垂脚举腿；依肋木倒立；扶肋木侧摆腿、前后摆腿或分腿转髋跳。

肋木架

好处 锻炼腿部及腰部肌肉，增强柔韧性。

注意 压腿要量力而行，循序渐进，防止拉伤；倒立时最好有同伴保护，老年人和高血压者不可倒立。

10．压腿杠子抻骨筋

可采用以下几种方式利用压腿杠进行锻炼。

◇ 正压腿

身体正对横杠，双腿并拢站立，抬起左腿将脚跟放在横杠上，脚尖勾起，两腿伸直，同时收髋，上体前屈，向前向下做振压腿的动作，左右腿交替进行。

压腿杠

正压腿

◇ 侧压腿

身体侧对横杠，右腿支撑，脚尖稍向外撇；

左腿举起，脚跟放在横杠上，脚尖勾起；踝关节屈紧，右臂上举，左掌放在右胸前。两腿伸直，立腰，开髋，上体向左侧振压。左右腿交替进行。

侧压腿

◇ 后压腿

背对压腿杠，并腿站立，两手叉腰或扶一定高度的物体。右腿支撑，左腿提起，脚背搁在横杠上，脚面绷直。上体后屈，并做振压动作。左右腿交替进行。

压腿时应注意平

后压腿

衡，避免摇晃和跌倒。压腿不要一味求高，要适可而止。左右腿各做15～20次，时间10分钟左右。

好处　压腿可以作为热身，或者是运动后的整理拉筋运动。可以保护骨骼肌肉，预防伤病。

11. 单杠引体拉身体

可以采用以下几种方式利用单杠进行锻炼。

◇ 颈前宽握引体向上

两臂悬垂在单杆上，两手间距与肩膀同宽，正手握紧横杆，腰背以下部位放松，两小腿自然伸直并拢。在向上拉的过程中，屈臂带动身体向上，使单杠接触到颈前锁骨处，然后停2～3秒，呼气，使身体慢慢下降到起始姿势。

单杠

颈前宽握引体向上

◇ 单杠屈臂悬垂

双手抓杠，身体自然悬垂，然后两臂用力屈肘带动身体上引至肘关节弯曲成约90°，尽力保持5～8秒，放松还原至起始位置，重复多次。

单杠屈臂悬垂

◇ **单杠悬垂举腿**

双手正握抓杠，身体自然悬垂，以腰腹肌发力，将两腿同时上举过90°，然后顺重力慢慢放下。8～10次为1组，练习2～4组。

单杠悬垂举腿

引体向上有一定难度，需要持久努力。抓杠时注意手上防滑。

好处　锻炼双臂及肩、背、腹部肌力。

12. 腰力锻炼展腰功

方法　坐稳后，双手紧握扶手，双脚放在踏板上，四肢协同用力，克服身体自身重力，伸展身体至直立，然后缓慢放松至坐姿。

好处　增强腰腹部肌力，发展四肢协调性和

腰力锻炼器

身体柔韧性。

13. 伸腰展背练柔韧

方法 背靠器材，双手握紧护栏，缓慢向后弯曲身体，利用腰背部的柔韧性来回伸展。该器材较适合于中、青年人。

好处 舒展髋关

伸腰展背架

节，放松腰背部肌肉，发展上肢支撑力量及腰腹肌力量。

14. 压腿按摩通经络

可以采用以下几种方式利用压腿按摩器进行锻炼。

◇ **方法一**

手扶器材，将左腿放于横杠上，右腿支撑，保持上体直立，练习时身体向前倾，小腿或大腿

压腿按摩器

按摩小腿

在按摩滚轴上向前移动，靠自身的重量压腿肚、脚踝等处，反复练习。左右腿交替进行。

◇ **方法二**

手扶器材，将左腿屈膝挂于横杠上，右腿支撑，保持上体直立，练习时弹动小腿，大腿离开器材同时身体重心向前移动，当大腿后部再次与器

按摩大腿

材接触，身体重心向后移动，反复练习，达到按摩大腿后部股二头肌的目的。左右腿交替进行。

◇ **方法三**

背向器材，两腿开立与肩同宽，腰部靠于器材，屈膝下蹲，使滚动轴移至背部，然后两腿蹬直为一次动作，反复练习，可达到消除背部疲劳

和加强膝关节韧带力量的作用。

好处 可以有效地按摩和拉伸腿部肌肉韧带，伸展腰背部，消除下肢和腰部疲劳。

15．腰背按摩除疲劳

腰背按摩器可以锻炼腰部和背部的肌肉，达到缓解腰背部疲劳的目的。

可以采用以下两种方式利用腰背按摩器进行锻炼。

腰背按摩器

◇ 腰部按摩

坐在座凳上，双手握住扶手，将腰部靠在按摩棒上，轻轻地将扶手上下反复运动。

◇ 背部按摩

双脚呈马步站稳（身高合适的话，直接站好就行），背靠两排按摩柱，双手握好扶手，身体左右运动，起到按摩背部的效果。

好处 放松背、腰部肌肉，消除肌肉疲劳，改善血液循环，调节人体神经系统，经常锻炼可以改善睡眠。

16. 腹肌仰卧瘦腰腹

方法 坐于腹肌板上，两脚置于固定架内稳定身体，双手放在脑后，做仰卧起坐运动。

好处 增加腰、腹部力量及柔韧性，锻炼身体协调性。

腹肌板

17. 健身蹬踏强·心·肺

立式健身车是有氧运动中重要的健身器材之一。通过适当强度的运动可加快新陈代谢，增强心脏和肺部功能。

立式健身车

方法　坐在座板上，手握扶手，脚蹬踏板作回转运动。

好处　增强腿部肌肉力量及心肺功能。

18. 上肢牵引练肩腕

方法　双手握柄，有节奏地上下拉动牵引器。

好处　增强上肢协调性和手脑协调能力，同时对肩腕关节有康复和保健作用。

上肢牵引器

新型健身项目

19．门球娱乐情绪高

门球起源于法国，20世纪30年代传入中国，1970年开始作为老年人的活动项目推广开来。门球运动占地少，技术简单，比赛时间短，运动量也不大，适于中老年人。

要求　关节充分活动开；穿带齿而不滑的鞋；老年人应注意运动安全适度，确保实效。

好处　有益身体健康；愉悦情绪，忘却生活中的烦忧，消除老年人的孤独感、失落感；增加交往和友谊，对老年人的心理保健起到重要作用。

20．气排球赛配合好

气排球是我国土生土长的一项体育活动，它集运动、休闲、娱乐为一体。作为新的群众性体

育运动项目，受到越来越多中老年朋友的青睐。

要求 运动量要适宜；该项运动集体性极强，必须协调配合。

好处 改善体型及姿态，释放压力，调节情绪；提高身体的灵活性与协调性；提高跳跃能力，增强心肺功能。

21.柔力球类刚柔巧

太极柔力球创始于1991年，是一项新兴的具有民族特色的体育运动项目。它可以二人对抛、单人独练、几个人互传或隔网竞技，以达到健身、娱乐、表演和竞技的目的。

要求　运动时服装要宽松，以免妨碍动作；运动时要全身放松，轻缓用力；做动作要松中有紧、柔中有刚，切不可用拙力。

好处　颈、肩、腰、腿得到均衡全面的发展，促进全身的协调和肌肉控制能力的发展；有强身、健体、祛病、益寿的保健效果，能陶冶心性、培育情趣、修养品德。

22. 掷球健身又益智

地掷球是一项古老而又年轻的新兴体育项目。它是娱乐性与竞技性，脑力活动和体力锻炼相结合的高雅文明的体育运动，既适宜于青少年，又适合于中老年人，现已成为广大群众热爱的高雅竞技运动和时尚的休闲健身活动。

要求 平整的场地，舒适、得体的装备；运动时注意力高度集中，发展身体的协调性。

好处 锻炼上肢、下肢部位肌肉，调节中枢神经系统的功能，提高对身体的控制能力；能开发、培养人沉着、机智、顽强和拼搏的意志及相互配合的能力。

23. 手扑球赛反应快

手扑球发起于天津民间，是天津市妇女运动比赛的传统项目。在20世纪80年代，天津一家玩具厂的职工用边角料缝制了一个球托，并在上

面插了几根羽毛，手扑球就这样诞生了。手扑球将排球的打法与羽毛球的场地进行了完美的结合。它使用羽毛球场地，可以像排球一样扣杀、轻吊。

要求 双方每队各3人，一般分为女子组、混合组和男子组。

好处 非常考验反应力和注意力，具有极强的观赏性。

24. 毽子踢跳练全身

踢毽子简便易行，是一项良好的全身性运动。运动量可大可小，男女老少都能参与。

要求 踢毽子需要抬腿、弹跳、屈身、转体等动作；几个人配合的走毽需要一定的技术，要求身体灵活、反应快。

好处 走毽锻炼思维，提高随机反应能力，增进人与人之间的交流。踢毽子能训练人的反应力和耐力，保持个人体态健美。

第三部分

健身活动注意事项

做好准备再健身

不管我们做什么样的体育运动，运动前都应该做一些物质上的准备和身体上的准备，例如：选择合适的鞋、衣服、护具等。身体应先做好了准备活动，再开始运动。

1. 健身选择好天气

健身运动安排在早晨、中午、下午、傍晚或深夜均各有利弊，可根据个人生活规律来选择。但在选择健身时间时应考虑到天气状况和运动环

境状况，在不适合健身的天气，例如雾霾天进行锻炼，反而会对身体造成损害。

2．换好衣鞋再锻炼

健身时，舒适的鞋子和服装对身体的相应部位能起到保护和支持的作用。而随意的着装打扮，不但不能在健身时保护相关部位，而且可能会对身体造成一定的损伤。因此，锻炼时，鞋子和服装的选择是非常重要的。

3. 运动装备要备好

　　体育锻炼中的保护装备是不容忽视的。为了保护膝关节可以戴上护膝；在单、双杠上，为了

保护好手掌，可以带上护掌，防止打滑、增加摩擦力。体育保护装备在体育活动中能避免身体各部位受伤，起到保护作用。

4.　先让身体热起来

锻炼前要进行热身准备活动。对准备活动应考虑它的内容、时间和量。通常可进行一些伸展运动、关节操、慢跑等简单运动，10～30分钟为宜。此外，还应根据运动项目特点、个人习惯、身体状态和季节气候等因素适当加以调整。通常以微微出汗及自我感觉已活动开为宜。

动前先热身

小知识 热身活动的目的

　　热身活动的目的是在健身前提高锻炼者的体温，促进血液循环，提高神经系统的兴奋性，使身体各部位和关节活动开，为接下来的运动做好身体和心理的准备。

健身理念要正确

　　如果没有运用科学的健身方法，走入了健身误区，非但达不到健身效果，还会对身体造成伤害。下面是健身中经常出现的误区。

5．没有得病就康健？

　　误区 有人说：我吃得下、睡得着、没有病，身体不是蛮好嘛？

　　指点迷津 其实这种看法并不完全正确。一般而言，我们所说的"病"往往是指躯体上的疾

病，比如感冒、肺炎、高血压、心脏病、糖尿病等。而仅仅无躯体上的疾病还不能完全算是一个健康的人，因为世界卫生组织（WHO）关于健康的定义是：健康不仅是指没有疾病，还要有完好的心理状态和社会适应能力。

6．年富力强不用练？

误区 中青年人常说："眼下自己体壮如牛，小时候锻炼攒下的老本还够我'吃'上20年，用不着锻炼身体。"

误区

年富力强不用练？

指点迷津 中青年人应该有针对性的运动。人到中年，意味着生命的成熟，同时，生理机能已出现微妙的衰退迹象，如体力下降、肌力减弱、肺通气量降低等。因此，中青年人应该有针对性地加强运动，多参加体育锻炼才有益身心健康。

7. 劳动可以代健身？

误区 有人讲："我每天买菜做饭，洗衣拖地，累得腰酸背痛，还需要锻炼身体吗？干体力活不就等于锻炼身体了吗？"

指点迷津　劳动和体育健身是两回事。劳动是一种身体活动，对增强体力虽有一定的效果，但是体力劳动往往是对固定某一动作进行长时间重复，长此以往就会对身体产生损伤。而体育锻炼，如打球、爬山、跳舞、钓鱼等，可以放松心情，释放压抑的情绪，使身心健康。

8. 锻炼就比不练强？

误区　有人认为"动了就是运动"，锻炼了就比不练强。

llll

lllllll

误区 动了就是运动?

指点迷津 运动要负荷适当、科学合理。运动不仅要动，还要科学地动，适当、适度、适量、有规律的运动才是有效的运动。"三天打鱼，两天晒网"式的锻炼不能算健身，而且还很容易产生运动风险。我们建议，每周要进行锻炼3～5次、每次至少运动30分钟，每周运动时间累计至少150分钟。中老年人可以选择太极拳、五禽戏、广播体操或慢走等锻炼方式。

48

9. 每天越早练越好？

误区　认为晨练越早越好，天还没亮就出门锻炼。

指点迷津　晨练应注意时间和天气。日出前，空气中的二氧化碳含量较高，污染物在空气中堆积较多，呼吸这些污浊的空气会对人体产生危害；因雾中存在许多有害物质，有雾的天气不宜晨练；空腹晨练易造成低血糖。心血管病人应尽量选择下午或者傍晚进行活动。

10．只有出汗才有效?

误区 运动只要出汗了，就到达了健身的效果，并且出汗越多效果越好。

指点迷津 出汗不是衡量运动的有效指标。尽管出汗是健康的表现，但排汗量并不足以作为衡量运动强度的指标。心率、费力程度才是检测运动效果的重要指标。

健身方法要科学

11．早上醒来莫急练

　　早上起床后就马上开始运动，这是很不科学的做法。

　　要求　早上醒来"赖床"5分钟，起来后，先喝杯温开水，再到户外进行晨练。晨练时宜轻松舒缓，以微微出汗为佳。

小知识 ● 起床马上锻炼有风险

早晨是中风、梗死的多发时间，因为清晨血液相对比较黏稠，血管极易堵塞，人体各脏器的功能仍处于较低水平，起床马上进行锻炼对心血管功能比较脆弱的人来说是十分危险的。

12. 吃饭健身讲安全

饭前、饭后都不宜从事剧烈的运动，运动和吃饭之间要有一定的间隔休息。

建议饭后1～2小时后再进行运动，如果饭

后即刻运动很容易引起腹痛，长期可造成肠胃疾病，对健康不利。健身后也不能即刻吃饭，运动后半小时以上再吃饭为宜。

13．锻炼强度有讲究

健身强度不是越大越好，我们要根据自己的身体条件，循序渐进，量力而行。

小知识 ● 如何判断锻炼强度

首先，要看自我感觉。如果锻炼者能很快消除疲劳，且第二天早上感觉舒适，饮食、睡眠都正常，说明运动量适当。如果感觉运动后

非常疲劳，恢复很慢，吃不下饭、睡不着觉，甚至出现头痛、恶心、心悸胸疼、血尿等，说明运动量过大了，应该及时调整锻炼的量和强度。其次，看脉搏情况。经过一段时间的锻炼，人体的晨脉会趋于稳定，如果某天的晨脉比平时增加了 5 ～ 10 次 / 分钟以上，则可认为前一天的运动量过大，有疲劳积累。

14．运动补水身体盼

健身运动前后应注意及时补充水分，以防体力不支。

补水的方法是小口缓咽，每次补水不宜太多，否则容易加重心脏负担。最好饮用白开水或运动饮料，可适当补充少量的盐水，不宜饮用热咖啡或吃巧克力。

意外受伤会处理

体育锻炼不当会引起肌肉、骨骼、内脏等部位的损伤。下文向大家介绍几种常见的运动损伤及处理办法。

15. 皮肤擦伤怎么办

皮肤擦伤，也就是我们平常说的"磕破皮"。打篮球、踢足球、登山时易出现擦伤。

擦伤的程度不同，有不同的处理方法。

局部皮肤擦伤，伤口较浅，一般不用去医院，只需要在伤口上涂些红药水或紫药水，或使

用创可贴加以保护，以防感染。

如果创面较脏，一定要用清水冲洗干净或用软刷子刷洗。如果创面发生感染，可先用淡盐水将伤口洗净再涂以紫药水。

如擦伤严重，可就近去医院治疗。

16. 肌肉拉伤巧处理

肌肉拉伤是肌肉在活动中过度收缩或牵拉引起的损伤。肌肉拉伤在健身中比较容易出现，但治疗处理比较麻烦。

对于肌肉轻度拉伤者，应立刻暂停锻炼，可先用冰块冰敷，然后用弹力绷带加压包扎，30分

钟后除去冰敷，改用海绵或者棉花加压包扎，减少伤肢的活动；怀疑肌肉完全断裂的肌肉拉伤者，应在局部加压固定患肢的情况下，立即去医院就诊。

17.扭挫伤后先冷敷

扭伤是指四肢关节或躯体部位的软组织损伤，多发于腰、踝、膝、肩、腕、肘、髋等部位。

方法 先制动。脚踝扭伤时，不要马上脱掉鞋子，鞋子会起到夹板的作用，以保持伤势不会继续加重。然后24小时内冷敷，冷敷主要是为

了起到止血、消肿、镇痛的作用。

挫伤一般是钝性物体直接作用于人体软组织而发生的非开放性损伤。出现挫伤后，要立即停止运动；冷敷半小时，防止血肿；抬高受伤肢体；损伤严重的马上送就近的医院。

18. 中暑晕倒须重视

中暑是人体在高温和热辐射长时间作用下，肌体体温调节出现障碍，水、电解质代谢紊乱及神经系统功能受损症状的总称。中暑后要尽早正确处理。

　　首先迅速脱离高热环境，然后让患者饮用绿豆汤或一些含盐分的清凉饮料，并给患者服用藿香正气水、仁丹等解暑药品进行降温，用冰水冷敷头部及腋下。

　　重症中暑者应立即移到阴凉通风处平卧，然后用冷水冲淋或在头、颈、腋下、大腿放置冰袋迅速降温，如果中暑者能饮水，让其喝点冷盐水或其他清凉饮料，等待症状稍好后可在他人陪护下，到医院就诊。

19. 抽筋处理要得当

运动中最常见最容易发生抽筋的部位是小腿后侧，在游泳中也常出现。

小腿抽筋时，平躺在地上伸直腿，同侧手握住前脚掌，缓慢用力前压，使脚背缓慢地背伸。同时推、揉、捏小腿肌肉，对抽筋的肌肉做按摩。热疗（如热水浸泡、局部热敷）对缓解抽筋也有一定疗效。

游泳时如果发生肌肉痉挛，不要惊慌，用痉挛肢体对侧的手握住痉挛肢体的足趾，缓慢用力

向身体方向拉。同时，用同侧的手掌压在抽筋肢体的膝盖上，帮助将膝关节伸直，待缓解后，慢慢游向岸边。

20. 脑震荡后妥处置

脑震荡是当头部受到外力打击、撞击时，导致的一系列脑组织的功能障碍。普通人群主要在跌倒受伤（儿童及老人更常见）、受到暴力殴打伤害、交通事故中被撞击头部、足球运动头球时容易出现，拳击或搏击运动员易在训练及比赛时

被打击头部等而出现。

凡遇头部着地受到损伤时，都应加以足够的重视。先让受伤者平躺，密切观察，情况较轻者，可卧床休息 1～2 天，保证休息和充足的睡眠，如无特殊表现才可以下床活动，并应持续观察一周。如发现头部伴有血肿，应去医院拍片检查，判明有无颅骨骨折。凡有明显意识障碍，伴有休克的，应立即平卧、固定头部，请医务人员做进一步的检查和处理；如果出现昏迷，马上掐人中。如果出现呼吸障碍，则立即进行人工呼吸；如果出现反复昏迷或闭口出血、瞳孔放大时，应送往医院救治，途中让伤者平卧，固定头部，防止颠簸。

21. 脱臼赶紧叫医生

脱臼也称关节脱位，是指损伤导致关节组织结构的改变而影响到关节面的正常对合关系。脱

位后如果不及时复位，将影响到关节复位和关节功能的恢复。

　　发生脱臼后，应把脱节肢体固定住，减少移动的可能。伤者取平卧位，注意保暖和保持环境安静，不要在受伤现场试图对脱节的关节复位，也不要随意按摩、牵拉脱位的关节；可做简单的固定和保护，转送医院，由专业医务人员进一步诊断处理。

22. 骨折就医最要紧

常见骨折分为两种，一种是皮肤不破，没有伤口，断骨不与外界相通，称为闭合性骨折；另一种是骨头的尖端穿过皮肤，有伤口与外界相通，称为开放性骨折。

骨折发生以后，要使伤员迅速脱离致伤环境，安静平卧，等待进一步处理；有出血情况要及时止血，采用局部加压包扎、指压止血、止血

带加压止血；创伤性休克或失血性休克者，要尽快让专业医务人员进行抗休克治疗；采用夹板、硬纸板或木棍、球棒等为伤员做骨折的临时固定。临时固定后的伤员可搬运至医院，由专业医务人员做进一步诊断和处理。

开放性骨折应用消毒纱布对伤口做初步包扎、止血后，用平木板固定后送医院处理。封闭性骨折应先固定，保持骨折部位稳定，避免再次损伤，然后及时送医院就医。

23. 膝盖疼痛有妙招

在运动中预防膝盖受伤的小方法有如下几种。

◇ 大腿前侧拉伸

身体正直，右手扶墙保持身体稳定，屈左膝，左手固定于左脚踝，左大腿指向地面，保持

此姿势15 ～ 30秒，换另一侧重复，做3 ～ 5组。

　　注意　骨盆尽量保持不动，左侧大腿垂直于地面。

　　◇　腿后侧拉伸

　　左腿伸直，勾脚尖；右腿弯曲；双臂伸直，上半身前倾，尽量使双手触碰到左脚尖。保持此姿势15 ～ 30秒，换另一侧重复，共3 ～ 5组。

注意 保持上身正直，不要弓背；左腿伸直，不要屈膝。

◇ **大腿内侧拉伸**

屈膝，脚掌相对，脚跟尽量靠近坐骨，双膝尽量贴向地面，保持此姿势15～30秒，重复3～5组。

注意 保持上身正直，不要弓背。

◇ **大腿外侧拉伸**

身体保持正直，左
腿伸直置于右腿后方；
弯腰将身体重心下压，
感受到左腿有拉伸感，
保持此姿势15 ～ 30秒；
左右脚交换后重复一次，
完成3 ～ 5组。

注意 应感到大腿外侧有拉伸感，保持后腿伸直。

◇ 小腿后侧拉伸

距墙约半米，面对墙站立，身体保持正直；双手扶墙以保持平衡，左腿伸直，脚跟放于地面；髋关节尽量靠近墙壁，感觉左小腿后侧有

拉伸感；保持此姿势15～30秒，换另一侧重复，共3～5组。

注意 保持上身正直，腿伸直。

◇ 靠墙静蹲

背向墙壁站立（和墙的距离约为大腿长度），上半身保持正直，并贴紧墙面，髋关节和大腿保

持90°～120°，大腿和小腿成90°～120°；膝关节指向脚尖方向，保持此姿势15秒以上，重复3～6组。

注意 保持上身正直，小腿垂直于地面。

预防膝盖受伤的最好办法就是拉伸和加强膝盖周围肌肉的力量。良好的柔韧性和强壮的肌肉能给膝关节提供更多的支撑和保护，减少落地时对膝盖的冲击，从而避免受伤。

第四部分
趣味健身项目介绍

集体项目介绍

1. 广场操舞大家跳

健身操、舞类项目深受广大群众的喜爱，它们的动作不仅有"健"与"力"，而且"美"，因此成为一类极具观赏性的大众体育运动项目。

要求 根据自己的时间和喜好选择广场舞、健身操类型。锻炼时间不宜过长，夏季注意防晒，冬季注意保暖。

好处 减肥、塑造形体；激发情感体验与审

美意识；增进健康。

2．家庭乐跑健康多

　　家庭跑活动分为5千米家庭跑和10千米个人跑两个赛程。人员为成年人和未成年人结合的团队。场地设置多个趣味互动点，带来丰富的乐跑体验。

　　要求　每个家庭团队至少由2名及以上成员组成（夫妻、亲子、情侣、兄弟姐妹等均可）。

好处 加强每一个家庭对健康的关注，提升家庭成员之间的凝聚力。

农耕项目、农耕健身大赛介绍

3．手把青秧插满田

场地 在平整水泥地上画跑道，长60米，宽3.5米。

器材 松木或五合板制成的插秧板（长6

米，宽2米，厚0.05米），板面上设300个插秧孔（直径0.012米，深0.05米）。每条跑道起点处放两个秧筐，一条扁担。15米处放300棵塑料秧苗，每名运动员系腰带一条（道次号）。

办法 运动员肩挑两个秧筐，站立式起跑。鸣出发信号后，迅速跑至15米处，把300棵塑料秧苗分别放入筐内，然后挑起秧筐跑到30米处插秧区进行插秧。插秧时，运动员必须采取标准站立插秧姿势（背朝天，脸朝秧），不得采用全

蹲姿势。一手拿秧苗，一手插秧。秧苗插完后，挑起秧筐迅速跑过终点。以运动员躯干任何部位抵达终点线的后沿垂直面为标准，结束比赛。速度最快者胜。

4．抗旱提水保苗赛

场地　在平整地面上画跑道，长 50 米、宽 2.5 米。

器材　每条跑道上放置独木桥 1 座，桥面铺设棕麻编织防滑垫，用绳子捆缚固定。木桥长 3 米，宽 0.5 米，高 0.1 米。备大塑料桶 2 个，小塑料桶 2 个。

办法　每队运动员站立式起跑。鸣出发信号后，1 名运动员双手各提 1 个小塑料桶，跑到 1 号大塑料桶（10 米）旁，将两个小塑料桶装满水，提水跑到 30 米处过独木桥后，继续跑到 50 米处把小塑料桶的水倒入 2 号大塑料桶中后，不

通过独木桥跑回起终点，再把塑料桶给下一名运动员，按同样方法继续提水。比赛时间3分钟。以每队运动员提水总重量决定成绩和名次。

5. 晒场收谷大丰收

场地 平整水泥地上画赛道，长50米，宽2.44～2.5米，共4道。

器材 每条跑道25米处放置独木桥1座（木桥长3米，宽0.5米，高0.1米），终点处放置晒谷场1块（长3米，宽2米左右），谷物若干，起点线后放谷笸斗1个，翻谷扒1把，箩筐2个，电子磅秤1个。

办法　运动员在起点线后站成一路纵队。鸣出发信号后出发，第一名队员从起点拿着笸斗跑到晒场，将谷子收到笸斗里返回，过独木桥后回起点，将谷子倒入箩筐中，第二名队员接过笸斗重复第一名队员的动作，依次反复。比赛时间为3分钟，以千克为单位（保留1位小数），按每

队运动员箩筐里的谷子重量多少决定名次，重者为胜。

6. 采收果蔬庆丰收

场地 果园、蔬菜园。

器材 计时器、采摘筐、秤。

办法 运动员在园子外等候裁判员发令进园进行采摘，在8分钟规定时间内完成采摘并出园。8分钟内没有出园将视为违例不计入名次。

最终名次按采摘的总重量计算，重量多的队获胜。如成绩相等，以采到坏果或坏蔬菜重量少的队为胜。

7. 独轮小车运输忙

场地 在平整地面上画长50米、宽3米跑道。

器材 独轮车、标准麻袋、沙袋（男3千克、女2千克）若干。

办法 男运动员在起跑线后手推独轮车，女运动员坐在车上，裁判鸣起跑信号后出发。男运动员在规定跑道内推车前行，不能越线，越线取消比赛成绩。如中途女运动员掉下，原地重新坐车继续前进至50米处下车。2名运动员在50米处将沙袋分别装入车内，再以推拉方式跑回起终点。运动员身体躯干全部越过终点线后结束比赛。速度最快者胜。

8. 巧搓玉米送亲人

场地 平整水泥地上画赛道，长60米，宽2.44～2.5米，共4道。

器材 竹筐1个、布袋（长100厘米，宽60厘米）1条、绳1根、玉米30根。

比赛办法 运动员在起点外1米处配合完成30根手搓玉米：鸣开赛信号后，运动员开始手搓玉米，将玉米粒搓入塑料盆内，待30根玉米

全部搓完后，立即将盆内玉米粒倒入布袋内，用绳封好袋口，任意一名队员采取提、抱、扛方式从起点跑过终点处，以运动员躯干任何部位抵达终点线后结束比赛，用时少的队获胜。

9. 合力磨面满开怀

场地　室内或室外平整地面。

器材　石磨（上磨高25厘米，下磨高35厘米）、大米2.5千克、盆子、勺、规定目数的

筛子。

比赛办法　比赛时间为10分钟，运动员各自站立在石磨旁等待开始信号，哨声响起即比赛开始。运动员通过配合进行大米磨面，规定时间到，比赛结束。由运动员过筛，最终以磨出的符合规格细度的大米面总重量多者获胜。

10. 池塘抓鱼欢乐多

场地　池塘深约0.45米，长24米，宽18米。

器材 活鱼若干，编号鱼篓若干，50千克台秤4把。

比赛办法 开赛前，下塘抓鱼的运动员统一站在池塘内指定出发点，哨声一响，比赛开始。运动员在池塘内抓鱼，但不准抢占他人手中或鱼篓中的鱼，否则取消该队该项比赛成绩。哨声再响，比赛结束，未进筐的鱼不予计算。比赛时间15分钟，按重量计算，以千克为单位（小数后四舍五入），鱼篓里鱼重量多者获胜。重量相等时鱼尾数多者获胜。

冬季冰雪运动知识普及

11. 短道速滑

短道速滑全称短跑道速度滑冰，比赛场地的大小为30米×60米，跑道每圈的长度为111.12米。短道速滑19世纪80年代起源于加拿大，1992年被列为冬季奥运会比赛项目。

短道速滑比赛采用淘汰制，以预、次、半决、决赛的比赛方式进行。4～8名运动员在一

条起跑线上同时起跑出发，预赛站位通过抽签决定。

12. 花样滑冰

　　花样滑冰起源于18世纪的英国，1924年被列为首届冬季奥运会的比赛项目，包括男、女单人滑和双人滑、冰上舞蹈4个比赛项目。运动员穿着脚底装有冰刀的冰鞋、靠自身力量在冰上滑行，表演预先以技术动作为基础编排的节目，由裁判组评估打分、排出名次。

在花样滑冰的单人滑与双人滑比赛中，选手必须完成两套节目。在短节目中，选手必须完成一系列必选动作，包括跳跃、旋转和步法；在自由滑／长节目中，选手在选择动作上有更大的自由度。

13．冰球

冰球，亦称"冰上曲棍球"。是以冰刀和冰球杆为工具，在冰上进行的一种相互对抗的集体性比赛项目。冰球运动起源于19世纪中叶的加拿大，在1920年第7届奥林匹克运动会被列为正式比赛项目。目前冬季奥运会设有男、女两块冰球金牌。标准冰球场长61米，宽30米，四周有高1.15～1.22米的界墙。

规则 比赛时每队上场6人，前锋3人，后卫2人，守门员1人。比赛分3局进行，每局20分钟，中间休息15分钟。运动员用冰杆将球击

入对方球门，进1球得1分，得分多者为胜。

14. 单板滑雪

单板滑雪起源于20世纪60年代的美国，于80年代开始逐渐普及到其他国家，并于1994年正式成为冬季奥运会项目。其与冲浪运动存在一定程度上的内在联系，也被称为冬季的冲浪运动。

单板滑雪的比赛方式包括平行大回旋、U型场地雪上技巧项目及单板滑雪越野赛等。平行大

回旋及单板滑雪越野赛属竞速类比赛，均以到达终点的消耗时间作为评判胜负的依据，用时较短者胜；U型场地雪上技巧项目则由5名裁判员根据动作难度和效果进行评分，分数较高者胜。

15. 高山滑雪

高山滑雪作为一种运动项目起源于欧洲的阿尔卑斯山地区，故又称"阿尔卑斯滑雪"。其于1936年正式成为奥运会项目，之后具体比赛方式不断变化，但始终围绕着技术竞赛和速度竞赛两个类别，最终定型为男女滑降、回转、大回转、超级大回转、全能，合计10个子项目。

高山滑雪的技术包括滑降技术及转弯技术两大类，属于较为容易掌握的运动类型，一般情况下实际学习一周左右即可入门，男女老幼均适合进行。

冰雪趣味运动项目介绍

16. 两圈接龙

比赛规则 3人团体项目。每个单位限一组参赛，每组的参赛人员3人纵队绕场滑行两圈，以第三位队员到达终点的时间判定名次。

17. 冰面滑行

比赛规则　参赛队员在规定线前冲刺滑行，到达规定线时停止蹬地，开始无助力滑行，每人一次机会，以距离最远者为胜。

18. 雪地点球大战

比赛规则　为4人团体项目。每组限4个人。由各组选定1人守门，与对手进行3人轮流点球大战，每射中1球得1分。另外每组有1次踢彩球的机会，踢进彩球的获得3分，踢不进扣3分，可选择交给对手踢，若对手踢进彩球对手得3

分，对手没踢进已方得3分。累计得分最高的组
获胜。

19. 雪地足球障碍接力赛

比赛规则 为4人团体项目。每组派出4个
参赛队员。参赛队员踢足球穿过路障，每名参赛
队员跑完一个来回换下一名队员，最后记录每组
所花的总时间，用时最少者获胜。

20．雪上铁人三项

比赛规则　家庭团体项目。每队两人。器具有气球、乒乓球、障碍物若干，容器3～5个。要求每队首先背靠背夹着气球在雪地上跑到指定地点（若气球弄破则返回起点处更换气球，气球掉地须原地捡起夹好），到达指定地点处，二人将规定数量的乒乓球用筷子从指定容器夹进规定容器后，一名队员背着另一队友绕过障碍返回终点。用时少的队伍获胜。

农民健身手册 >>>

体质检测

成年人体质指标与评定

测试指标

对象为20～59周岁的成年人，根据测试指标的不同，分为甲（20～39岁）、乙（40～59岁）两个组。测试指标包括身体形态、机能和素质3类（见表1）。

表1　中国成年人体质测试指标

类别	测试指标	
	20～39岁	**40～59岁**
形态	身高、体重	身高、体重

续表

类别	测试指标	
	20 ~ 39 岁	**40 ~ 59 岁**
机能	肺活量、台阶试验	肺活量、台阶试验
素质	握力 俯卧撑（男） 1分钟仰卧起坐（女） 纵跳 坐位体前屈 闭眼单脚站立 选择反应时	握力 坐位体前屈 闭眼单脚站立 选择反应时

评定方法与标准

采用单项评分和综合等级评级进行评定。

单项评分包括身高标准体重评分和其他单项指标评分，采用5分制。

综合评级根据受试者各单项得分之和来确定，共分4个等级：一级（优秀）、二级（良好）、三级（合格）、四级（不合格）。任意一项指标无分者，不进行综合评级（见表2）。

表2 中国成年人体质综合评级标准

等级	得分	
	20 ～ 39 岁	40 ～ 59 岁
一级 （优秀）	>33 分	>26 分
二级 （良好）	30 ～ 33 分	24 ～ 26 分
三级 （合格）	23 ～ 29 分	18 ～ 23 分
四级 （不合格）	<23 分	<18 分

注：评分标准参照《国民体质测定标准手册》(成年人部分)。

老年人体质指标与评定

测试指标

包括身体形态、机能和素质三类。

身体形态指标：身高、体重。

身体机能指标：肺活量。

身体素质指标：握力、坐位体前屈、闭眼单脚站立、选择反应时。

评定方法与标准

采用单项评分和综合等级评级进行评定。

单项评分包括身高标准体重评分和其他单项指标评分，采用5分制。

综合评级根据受试者各单项得分之和来确定，共分4个等级：一级（优秀）、二级（良好）、三级（合格）、四级（不合格）。任意一项指标无分者，不进行综合评级（见表3）。

表3　中国老年人体质综合评级标准

等级	得分
一级（优秀）	>23分
二级（良好）	21～23分
三级（合格）	15～20分
四级（不合格）	<15分

注：评分标准参照《国民体质测定标准手册》（老年人部分）。